ESO NO ES AMOR

MARINA MARROQUÍ

DESTINO

ILUSTRACIONES DE MÁRIAM BEN-ARAB

Avda. Diagonal, 662-664, 08034 Barcelona
www.planetadelibrosinfantilyjuvenil.com
www.planetadelibros.com

Primera edición: mayo de 2017
Séptima impresión: octubre de 2022
ISBN: 978-84-08-17105-8
Depósito legal: B. 6.943-2017
Impreso en España - *Printed in Spain*

El papel utilizado para la impresión de este libro está calificado como papel ecológico
y procede de bosques gestionados de manera sostenible.

A Rakel, que nos enseñó
a ver la vida a todo color.

ÍNDICE

¡EMPEZAMOS!

Este libro no pretende darte ninguna lección, ni aburrirte con teorías que no sirven para solucionar los problemas de tu día a día.

Solo pretende ayudarte a encontrar **ALGUNA RESPUESTA** a todos esos porqués que te persiguen: ¿quién soy?, ¿qué me gusta?, ¿quién me obliga a ser como no soy?, ¿quién me dice quién me tiene que gustar?, ¿cómo puedo querer a alguien sin renunciar a mi propia identidad?

Quisiera ayudarte a que te conozcas mejor, a que te valores y no te dejes influenciar por el qué dirán, a que entiendas de dónde vienen las desigualdades que todavía hoy en día existen entre hombres y mujeres, y a identificar los falsos mitos que nos venden sobre el amor y que luego nos provocan una gran frustración cuando vemos que la realidad no tiene nada que ver con esa versión simplificada de las relaciones de pareja. Espero, así, hacer algo más fácil esa dura etapa en la que los adultos esperan que seas **LA PERSONA QUE AÚN NO SABES SER**.

Yo, durante años, me creí causante de todos mis problemas, pero con el tiempo (y los estudios) descubrí que no encontraba respuestas porque me hacía las preguntas equivocadas.

Saber hacerte las preguntas adecuadas es CLAVE.

Este libro se basa en una serie de retos que te ayudarán a descubrir tus propias respuestas. Solo tienes que seguir estas tres normas:

1 Sé totalmente sincero/a contigo mismo/a, sin miedo a nada: este libro queda entre tú y yo.

2 Tienes que enfrentarte a todos los retos, aunque en alguno te dé miedo conocer el resultado.

3 ¡Tienes que leerlo en orden! No vale saltarse capítulos...

¡Eso es todo! Espero que disfrutes leyendo este libro tanto como he disfrutado yo escribiéndolo. **¡VAMOS ALLÁ!**

Marina Marroquí

Un MOLDE que no CAMBIA

La lucha contra el estereotipo

¿Que cuál es el objetivo del primer capítulo?...

¡QUE TE CONOZCAS!

Puede que estés pensando: «Pero si yo ya me conozco». Bueno, pero ¿tienes claro que eres fiel a ti mismo/a? Es importante saber cómo eres de verdad, cuáles son tus cualidades, tus defectos o tus gustos para definir tu personalidad.

Así que el primer reto que voy a proponerte trata sobre descubrir cómo tiene que ser tu...

Y para que mole todavía más, lo puedes hacer, primero, con un grupo de amigos o amigas y, después, tú solo/a, sin que lo vea nadie más.

La persona ideal: RETRATO ROBOT

Todos tenemos en la cabeza una imagen más o menos clara de cómo tiene que ser una persona para que nos guste, así que... ¡vamos a empezar dibujando a tu chico o chica ideal! No importa que no se te dé muy bien dibujar, el único requisito es que la persona esté...

¡totalmente desnuda!

OMG!

Si realmente dibujar no es lo tuyo, anota cinco características físicas indispensables (que tenga que tener sí o sí) una persona para que te guste.

Y, como no todo va a ser el físico, voy a pedirte que lo completes con cinco cualidades de su personalidad.

5 CUALIDADES FÍSICAS:

1. ______________________________
2. ______________________________
3. ______________________________
4. ______________________________
5. ______________________________

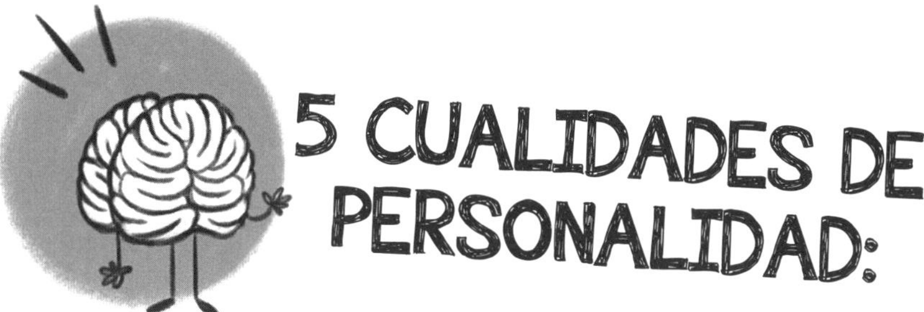

5 CUALIDADES DE PERSONALIDAD:

1. ______________________________
2. ______________________________
3. ______________________________
4. ______________________________
5. ______________________________

El mismo DIBUJO...

¿Qué tal? ¿Cómo ha ido? **¿Te ha dado vergüenza o lo tenías bastante claro?** Con esta actividad empiezo todos los talleres en los institutos, no solo porque es una forma divertida de romper el hielo, sino porque es importante saber cómo imagináis a vuestra pareja ideal.

¿Quieres ver algunos de los dibujos que he ido recopilando en distintos institutos de España?

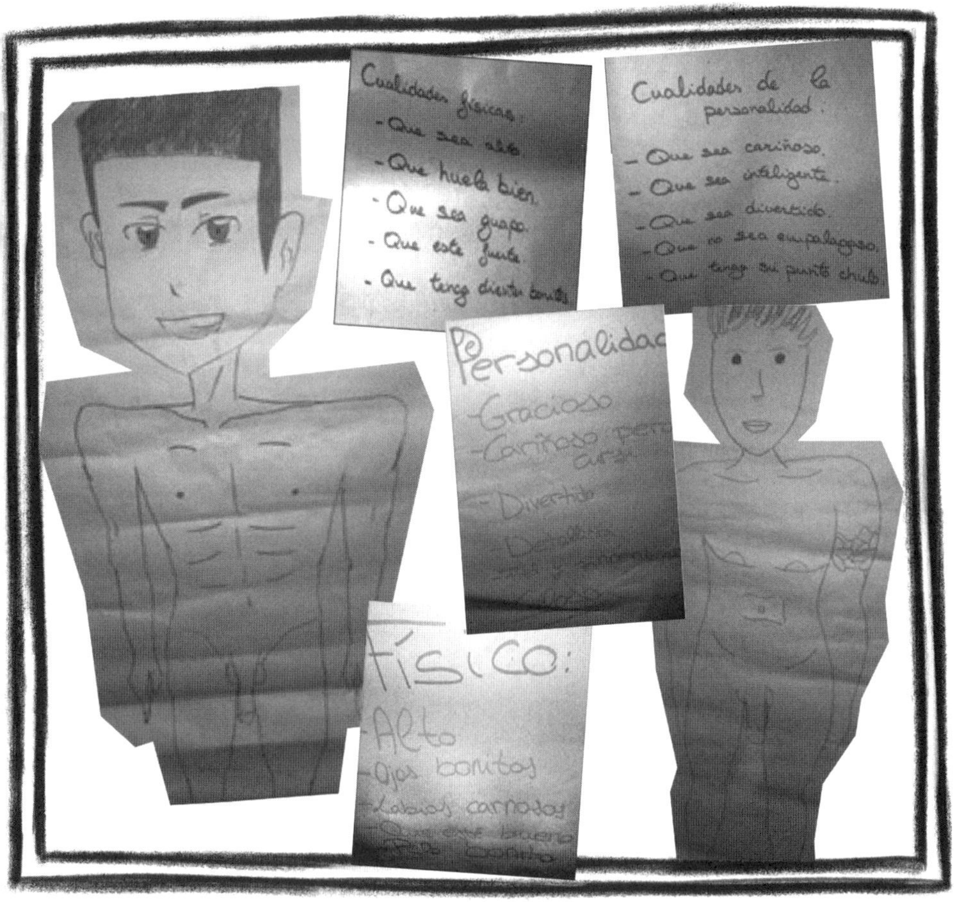

¿Hay algo que te llame la atención? Yo me pregunto cómo es posible que los dibujos se parezcan tanto, si están hechos por alumnos de institutos muy lejanos entre sí...

Como soy muy de teorías de la conspiración, me parece muy sospechoso que todos tengamos una idea tan parecida, sobre todo en algo tan personal como quién nos gusta...

¿QUIÉN quiere JUGAR a...?

Para entender mejor todo este misterio hay que remontarse a cuando somos pequeños.

Empecemos analizando los juguetes que nos regalan. Si somos niños, los juguetes típicos son:

Sin embargo, si somos niñas, los juguetes que nos regalan suelen ser:

Yo, por ejemplo, he pasado mi infancia en el campo, rodeada de árboles, piedras, barro... ¿Y qué me regalaban? ¡Barbies! ¿Para qué quería yo una Barbie? A mí solo me servían para hacer tirachinas con ellas... Sin embargo, a mi primo, que vivía en la casa de al lado, le regalaban camiones, grúas, catapultas... ¿De verdad tiene que haber tantas diferencias entre un niño y una niña?

PRÍNCIPES Y PRINCESAS DEL s. XXI

¿Cómo deberían ser un príncipe y una princesa del siglo XXI? ¿Te atreves a dibujar dos protagonistas de una peli infantil que rompan con todos los estereotipos que hemos ido viendo?

PRÍNCIPE	PRINCESA

¡Un PLAN de PELÍCULA!

Si esto solo quedara aquí, en los juguetes, pero ¡qué va! Va mucho más allá. ¿Quieres que hablemos de las películas infantiles? Son un gran ejemplo, así que te invito a hacer un breve repaso, empezando por las clásicas.

Vamos a empezar por una de las más conocidas:

BLANCANIEVES Y LOS SIETE ENANITOS.

¡SUPERMEGARRESUMEN!

¿La tienes en mente? Bien. ¿Serías capaz de resumirla en solo seis frases? El objetivo es buscar la esencia de la peli, que a veces entre canciones y coreografías nos despistamos del mensaje que se nos está transmitiendo:

1. ____

____

2. ____

____

3. ____

____

4. ____

____

5. ____

____

6. ____

____

Ahora deja que comparta contigo cómo la resumiría yo, Marina *style*:

1. A Blancanieves le va mal desde el inicio: empieza sin madre y al rato ya no tiene padre.

2. Su madrastra la quiere matar porque un espejo le dice que es más guapa que ella (muy bien la madrastra tampoco está...).

3. Blancanieves huye para salvarse y va a parar a una casa llena de mierda que pertenece a siete enanitos que parecen no tener ni idea de lo que es el Fairy.

4. Después de fregar, cocinar y barrer mientras canta, la madrastra la encuentra.

5. La envenena y Blancanieves se queda inconsciente. A los siete enanitos no se les ocurre otra cosa que meterla en una urna de cristal...

6. Un príncipe que pasaba por allí, la ve, le da un beso y dice: «¡Esta pa' mí!». Al darle el beso (siempre de amor verdadero en estas películas), Blancanieves despierta ya profundamente enamorada, se casan y viven felices.

Visto así, tal vez sí que daba para una peli...

¡aunque quizá no para niños!

SUPERMEGARRESUMEN... ¡MARINA *STYLE*!

¿Quieres probar a hacer un resumen similar de otras películas?:

LA BELLA DURMIENTE

1. ____________________________________
2. ____________________________________
3. ____________________________________
4. ____________________________________
5. ____________________________________
6. ____________________________________

LA SIRENITA

1. ____________________________________
2. ____________________________________
3. ____________________________________
4. ____________________________________
5. ____________________________________
6. ____________________________________

¡LOS CHICOS NO LLORAN!

Pero si piensas que la sociedad solo les dice a las chicas cómo tienen que ser… ¡te equivocas!

Y para muestra, conozcamos a los fuertes, valientes y perfectos… ¡**PRÍNCIPES AZULES**!

Hablemos del clásico príncipe azul, el de *La Bella Durmiente*. (Por cierto, seguro que no recuerdas su nombre… ¿Casualidad?)

Aquí va un resumen de lo que yo recuerdo:

1. Un día va paseando (con su caballo blanco, por supuesto) y oye cantar a una mujer.
2. Se enamora a primera vista (o a primer oído) y ya sabe que esa chica es para él.
3. Pero la pobre se pincha en un dedo con una rueca y queda sumida en un sueño eterno.
4. ¿Se da por vencido? ¡No! Decide buscarla, luchar contra dragones, atravesar bosques de espinos y vencer a la malvada bruja.
5. Y todo, ¿para qué? Para que nadie recuerde ni siquiera su nombre…
6. Por cierto, os lo voy a decir, que me da un poco de pena: se llama **Felipe**.

El MOLDE PERFECTO

Con todos estos ejemplos ya podríamos resumir cómo tienen que ser los príncipes y las princesas ideales...

Al crear estereotipos tan claros, se nos está enviando el mensaje de que esto es lo que se espera de nosotros.

Me llama la atención, siempre que trabajo el tema de los estereotipos en las películas infantiles, que se suele poner el foco únicamente en cómo se trata a las chicas. Se habla de que se nos impone ser *mujeres perfectas*, débiles, delicadas, que necesitamos que un hombre nos rescate del peligro... Y es muy común que se hable del machismo solo desde este punto de vista. Que es cierto, pero... ¿y los chicos? Creo que es igual de injusto que, desde pequeños, se les prohíba ser como quieren ser.

Debe de ser insoportable la presión de tener que ser siempre fuerte, valiente, no tener miedo a nada. ¿En serio nunca quieren llorar, pase lo que pase?

LOS SUPERPRÍNCIPES

Muchas películas infantiles (y otras no tan infantiles) están centradas en la idea de la princesa perfecta. En esas pelis, el príncipe azul suele tener un papel secundario y normalmente plagado de peligros: escalar montañas, matar a monstruos de cinco cabezas con un palo... Si no, ¡no merecen su amor!

Intenta recordar tres pelis y describe a qué tiene que hacer frente el príncipe o héroe para conseguir el amor de su amada:

1. ____

____

2. ____

____

3. ____

____

TEST: ¿VIVES DEL CUENTO?

1 Cuándo veías las pelis de princesas o príncipes de Disney, ¿te imaginabas que algún día serías como ellas o ellos?

A) Siempre.

B) Alguna vez, con alguna peli que me gustó mucho.

C) No, nunca. Son solo pelis.

2 ¿Crees que el amor es como en las películas, que os miráis y ya sabéis que sois el uno para el otro?

A) Si no siento algo así, sé que no es amor.

B) Creo que a veces puede pasar.

C) Creo que no, que el amor necesita tiempo.

3 La sirenita renunció a la voz y la cola por amor, ¿te parece un precio pequeño a cambio del amor verdadero?

A) Sí, yo pagaría cualquier precio a cambio del amor.

B) A veces hay que hacer concesiones.

C) No, yo soy como soy. ¡No voy a fingir ser otra cosa!

4 ¿Eras niña y te regalaban muñecas? ¿Eras niño y solo recibías balones? ¿Nunca pedías otros juguetes?

A) No me planteaba si podía tener otros regalos.

B) Hubiera querido otros, pero no me atrevía a pedirlos.

C) Si prefería otros juguetes, lo decía.

5 ¿Ves necesario que los catálogos de juguetes diferencien entre azul y rosa (niño y niña)?

A) Sí, porque niñas y niños tienen gustos distintos.

B) No es necesario, pero es útil.

C) No tiene ningún sentido. Todos podemos jugar a todo.

6 ¿Crees que es lógico que en las pelis siempre aparezca un príncipe para rescatar a la princesa?

A) Sí, porque los hombres son más fuertes y valientes.
B) No es lógico, pero es muy romántico.
C) Es un estereotipo. Las mujeres pueden salvarse solas.

7 Los niños, por naturaleza, quieren juegos más violentos o para los que se requiere más fuerza.

A) Es cierto, los niños son más inquietos y enérgicos.
B) No hay que discriminar, pero lo cierto es que hay diferencias entre los gustos de los niños y las niñas.
C) No es por naturaleza, es una marca social.

8 A las niñas, por naturaleza, les gustan los juegos más tranquilos y para jugar dentro de casa.

A) Es cierto, las niñas son más tranquilas y hogareñas.
B) No hay que discriminar, pero lo cierto es que hay diferencias entre los gustos de los niños y las niñas.
C) No es por naturaleza, es una marca social.

Mayoría de A: Nunca has cuestionado lo que cuentan las pelis, crees en príncipes azules y en finales felices. En la infancia disfrutabas de lo que te regalaban y ya está. ¡Deberías probar a ver la sociedad de otra forma, no solo como te la cuentan!

Mayoría de B: Aunque sueles tener un pensamiento crítico, a veces crees que hay que distinguir entre niños y niñas, porque tenemos gustos y aficiones diferentes. Pero ¿eso no será porque desde que nacemos nos tratan de forma diferente?

Mayoría de C: Tú no te crees los cuentos. Te gustan las pelis, te encanta el amor, pero ¡no a cualquier precio! Has vivido tu infancia basándola en tus gustos y en lo que te divertía, sin mirar el color de la etiqueta. ¡Enhorabuena! Con gente como tú la sociedad pronto será más libre y mejor.

Me CONOZCO y me QUIERO

Claves para cuidar tu autoestima

Conociendo los estereotipos a los que, según la sociedad, tenemos que parecernos... **¿cómo nos vamos a gustar al ciento por ciento?**

Piénsalo, ¿cuántas personas conoces que se parezcan a los prototipos de perfección que nos venden? ¿Cuántas estrellas del pop, príncipes o deportistas de élite hay en tu entorno cercano? En realidad ese canon de belleza es prácticamente inalcanzable... Y lo que me parece más peligroso: solo por el hecho de intentar parecerte a ese ideal, ya dejas de ser tú mismo/a.

Porque no es solo una cuestión de belleza, sino de todas las otras cualidades que atribuimos de forma casi automática a una persona cuando se acerca a ese estándar de belleza.

Si ves a una chica o un chico que se parecen a los protagonistas de tu serie favorita, no piensas solo que sean guapos, sino que por arte de magia supones que también son inteligentes, divertidos, cariñosos, sensibles... Aunque si con los demás somos así de generosos, suele pasar justo lo contrario cuando nos juzgamos a nosotros mismos: **¡a nosotros no nos perdonamos ni una!...**

MIRARSE AL ESPEJO. PARTE 1

Vamos a empezar haciendo listas, que siempre sirven para conocernos un poco mejor. Escribe diez cosas buenas de ti, diez cosas que te gusten sobre cómo eres:

1. ______________________________________

2. ______________________________________

3. ______________________________________

4. ______________________________________

5. ______________________________________

6. ______________________________________

7. ______________________________________

8. ______________________________________

9. ______________________________________

10. ______________________________________

Ahora, justo lo contrario: Diez cosas que no te gusten mucho, que deberías mejorar, diez defectos que tengas:

1. ______________________________________

2. ______________________________________

3. ______________________________________

4. ______________________________________

5. ______________________________________

6. ______________________________________

7. ______________________________________

8. ______________________________________

9. ______________________________________

10. ______________________________________

¿Qué tal? ¿Te ha costado? ¿Qué has escrito más rápido: **tus virtudes o tus defectos**?

Este es un ejercicio bastante efectivo para descubrir qué nivel de autoestima tiene una persona.

Lo normal sería que te costara lo mismo escribir lo bueno y lo malo, y que tardaras unos dos minutos, ya que todos tenemos defectos y virtudes, y conocerlos nos hace más fuertes.

Si te ha costado escribir lo bueno, pero has ido rápido escribiendo lo malo, hay que trabajar la autoestima, porque te cuesta muy poco ver lo malo y mucho ver lo bueno que tienes.

Lo habitual es que cueste poco ver lo bueno de los demás y nos cueste más ver lo bueno que tenemos nosotros.

MIRARSE AL ESPEJO. PARTE 2

Vamos a repetir la actividad, pero ahora tendrás que pedir a otra persona que te diga diez cosas buenas y diez malas que ve en ti. ¡Puede ser quien quieras!

Las diez mejores cualidades de ___________

según ___________:

1. ______________________________________
2. ______________________________________
3. ______________________________________
4. ______________________________________
5. ______________________________________
6. ______________________________________
7. ______________________________________
8. ______________________________________
9. ______________________________________
10. ______________________________________

Las diez cosas a mejorar de ________________

según ________________:

1. ____
2. ____
3. ____
4. ____
5. ____
6. ____
7. ____
8. ____
9. ____
10. ____

¿A QUE MOLA VER LO RÁPIDO QUE ESCRIBEN LAS COSAS BUENAS DE TI?

AUTOCONCEPTO VS. AUTOESTIMA

Antes de seguir avanzando, quiero aclarar la diferencia entre estos dos conceptos. Es importante que los comprendas para poder construir una autoestima sólida.

Autoconcepto es el conjunto de nuestras características que nos permiten crear una imagen de nosotros mismos, no solo en el aspecto físico, sino también en el emocional. Es todo aquello que forma nuestra personalidad; así, podemos decir que somos altos, flacos, divertidos, nerviosos...

Autoestima, en cambio, es el valor que damos a esas características. Son términos muy parecidos, pero no iguales: dependiendo de la persona, una misma característica objetiva puede ser vista como una virtud o como un defecto, y eso lógicamente puede afectar a nuestra autoestima.

Por poner un ejemplo: imagina a alguien que tenga lo que se suele llamar **personalidad**: las ideas claras, que sabe en todo momento lo que quiere, que tiene tendencia a liderar...

Si ese alguien es un niño, lo más habitual es que sus padres se sientan orgullosos y piensen que su hijo «**es un líder nato**».

Sin embargo, si es una niña la que presenta estas mismas características, es probable que el comentario que más oiga sea algo así como: «**¡Madre mía, qué sargentona me ha salido, qué mandona es!**».

La misma cualidad puede ser vista como un defecto o como una virtud, y eso puede condicionarnos mucho a lo largo de nuestra vida.

ESPEJITO MÁGICO

Para entender mejor la diferencia entre autoconcepto y autoestima te voy a pedir que hagas un ejercicio muy sencillo. El objetivo es que puedas ver con tus propios ojos un balance de cómo eres, de modo que te puedas valorar de la forma más objetiva posible.

En la página siguiente encontrarás una serie de cualidades que todos podemos tener. Tienes que plantearte: «**Soy una persona...**».

Fotocopia o escanea la doble página y recorta todas las casillas, o haz tu propia versión a mano o en el ordenador.

De todas las cualidades que hayas recortado, selecciona aquellas que crees que tienes y pégalas en el espejo que corresponda: el de las cualidades positivas o el de las cualidades negativas. Tú decides en qué espejo pegar cada una de tus cualidades.

abierta	activa	adaptable
afable	agresiva	amable
ambiciosa	amistosa	arriesgada
asertiva	atenta	auténtica
brillante	capaz	cauta
celosa	clara	coherente
colaboradora	combativa	comprensiva
comprometida	comunicadora	conciliadora
concreta	confiada	consciente
conservadora	constante	constructiva
controladora	convincente	cooperativa
coordinadora	cordial	creativa
crítica	cuidadosa	culta
cumplidora	decidida	desenvuelta
dialogante	dinámica	diplomática
disciplinada	discreta	dispuesta
dura	eficaz	eficiente
egoísta	ejecutiva	emprendedora
enérgica	entregada	entusiasta
equilibrada	estable	estricta
exacta	exigente	experta

extrovertida	fiable	firme
flexible	formal	franca
hábil	habladora	honesta
humilde	independiente	ingeniosa
intelectual	justa	leal
líder	lógica	madura
mañosa	metódica	minuciosa
motivadora	negociadora	objetiva
optimista	ordenada	organizada
original	obsesiva	paciente
participativa	perceptiva	persistente
persuasiva	positiva	práctica
precavida	precisa	progresiva
puntual	prudente	rápida
razonable	receptiva	recta
reflexiva	resolutiva	respetuosa
rencorosa	segura	sensata
serena	seria	sincera
sociable	sólida	tenaz
tolerante	verdadera	vigorosa
viva	voluble	voluntariosa

CUALIDADES POSITIVAS

CUALIDADES NEGATIVAS

¿Cómo ha ido? ¡Espero que esté mucho más lleno el espejo de lo positivo! Sin embargo, ahora me gustaría centrarme en el otro espejo: el de las cualidades negativas. Para ayudarte a analizarlo, voy a ponerte lo que hubiera puesto yo cuando tenía tu edad. Estas serían mis cualidades negativas:

HABLADORA SERIA

CONTROLADORA

OBSESIVA EXIGENTE

MANDONA

Pero las cualidades que en muchos momentos de mi vida había considerado defectos, puedo asegurarte que ahora las veo como virtudes: ser controladora y obsesiva me hace prepararme los talleres a conciencia, ser habladora me hace no bloquearme... Las cualidades solo son negativas si no las sabes potenciar.

AUTOESTIMA ALTA O AUTOESTIMA BAJA...
La clave está en el equilibrio

¿Es mejor quererse de más o de menos?

En realidad ninguno de los dos extremos es bueno para nuestra autoestima: creer que no se tienen defectos es una visión tan distorsionada como pensar que no tenemos ninguna virtud.

Conocerte a ti mismo/a, tus limitaciones, tus puntos fuertes y débiles solo te hace ser mejor, porque serás capaz de suavizar lo que no te guste y desarrollar al máximo lo mejor de ti.

Lo más importante es que tengas claro que **NUNCA** pueden ser los demás los que condicionen la forma en la que te ves. Es cierto que, en gran parte, la autoestima se forma por lo que dicen los demás, pero nunca olvides que quien mejor te conoce **¡eres tú!**

No te voy a engañar, mucha gente te juzgará: te dirán lo bueno y, sobre todo, lo malo (algunas personas para ayudarte a mejorar y otras, simplemente, para atacarte), aunque no tienes que pensar automáticamente que lo que digan ellos es la verdad absoluta.

En ocasiones, para mejorar la autoestima, intentamos parecernos a alguien a quien admiramos o a quien otros admiran, desde el cantante de turno hasta el guapo o la guapa de la clase... Pero ¡eso es meterte en una piel que no es la tuya! Y lo más seguro es que eso, con el tiempo, se convierta en una carga que te lleve a sentirte infeliz.

El traje que mejor te queda siempre es tu piel, así que intenta ser tu mejor versión, sin necesidad de imitar a nadie más.

LA CÁPSULA DEL TIEMPO

¿Eres capaz de imaginarte cómo serás y qué tipo de vida tendrás de aquí a diez años?

1. ¿A qué te dedicas?_______________________.
2. ¿Qué aficiones tienes?

____

3. ¿Con quién vives?

____

4. ¿Qué amigos tienes?

____

5. ¿Cómo es la relación con tus padres?

____

6. ¿Tienes pareja?__________________________.
7. ¿Vives en otro país?______________________.
8. ¿Eres feliz?______________________________.
9. ¿De qué te sientes más orgulloso/a?

____.

Una vez tengas las respuestas, mételas en una caja donde se conserven bien... ¡y no la abras hasta tal día como hoy dentro de diez años!

La SELVA de mi CLASE

El miedo a no encajar

El instituto, a veces, puede parecer una **jungla**, un lugar donde algunos se ven forzados casi a andar de puntillas para no destacar o a intentar encajar en las normas que otros imponen siguiendo los estereotipos que ya hemos visto.

Y esto es especialmente agotador si tenemos en cuenta que allí pasamos **35 horas** a la semana, **140 horas al mes** o, lo que es lo mismo... ¡aproximadamente **1.400 horas al año**!

Es absurdo creer que no nos afecta lo que pasa ahí dentro. Y aunque nuestros institutos no se parecen mucho a los de las pelis americanas, sí que tienen cosas en común: hay *estatus*, gente más popular y que tiene más poder; alumnos a quienes, si les llevas la contraria, sabes que te harán pasar malos ratos.

LA RADIOGRAFÍA DE TU CLASE

¿Serías capaz de diferenciar cuántos grupos existen en tu clase? Intenta clasificar y poner nombres a los distintos grupos que formáis en clase, los que suelen ir siempre juntos. No es necesario que anotes nombres reales, únicamente invéntate un nombre para el grupo.

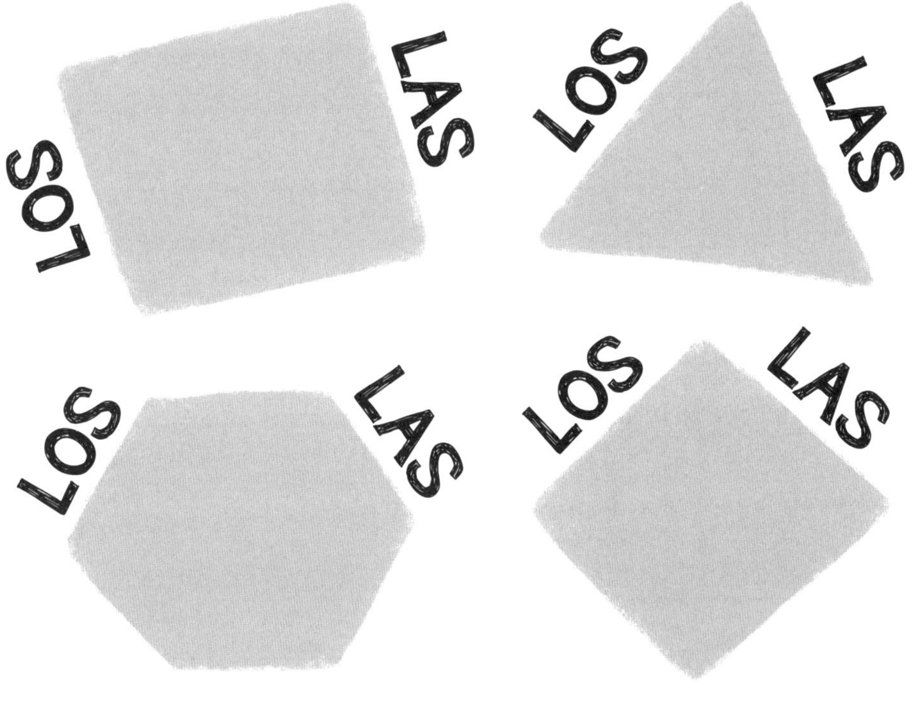

LOS LAS

LOS LAS

LOS LAS

LOS LAS

¿Qué tal? Seguro que te ha costado poco. En casi todas las clases esa clasificación, aunque encubierta, ya está hecha.

Algunos de los nombres suelen ser negativos: **los empollones, los frikis...** ¿Has pensado qué características hay que tener para formar parte de los grupos que molan y por qué?

RETO 11

LA FÓRMULA DE LA POPULARIDAD

Escribe diez cualidades que se supone que hay que tener para ser popular en el insti:

1. ____
2. ____
3. ____
4. ____
5. ____
6. ____
7. ____
8. ____
9. ____
10. ____

Sin saber lo que has escrito, estoy casi segura de que son cualidades que harían que TÚ tuvieras que cambiar para encajar. Todos tenemos en mente un tipo de cualidades, seguramente influenciados por las series juveniles, sobre cómo suelen ser los más populares.

Y eso que las mismas series muestran que querer tener esas cualidades nos puede convertir en personas **egocéntricas, superficiales, manipuladoras y falsas**.

Seguro que te suena la típica escena en la que la *popular* del insti engaña a la *empollona* haciéndose pasar por su amiga para después ridiculizarla delante de todos.

¿Seguro que no existe otra forma de caer bien, sin tener que ser tan superficial?

Cómo ENCAJAR

¿Alguna vez has buscado en Google: «Cómo encajar en clase»? Anota aquí los mejores consejos que encuentres:

1. ____
2. ____
3. ____
4. ____
5. ____

¿Alguna vez te has preguntado por qué tenemos que *encajar*? Piensa en la palabra misma: *encajar* implica cambiar tu forma (física, de ser...) para hacerla coincidir con el hueco que los demás te dejan... Y eso, ¿para qué?

¿Te imaginas un mundo donde todos pensáramos igual, vistiéramos igual, viéramos lo mismo y nos comportásemos igual?...

¡A MÍ ME DARÍA BASTANTE MIEDO!

¿Y si no ENCAJO?

Cuando no encajas en los estereotipos *positivos*, la vida en el insti puede ser un infierno.

¡Demasiadas horas si se las pasan metiéndose contigo!

Es duro pensar que no formas parte de esa *selva*, y automáticamente piensas que eso será siempre así, que la sociedad será el reflejo de lo que ahora vives.

¡Te traigo buenas noticias, que me está quedando un capítulo muy pesimista! Muchas otras personas antes que tú han sufrido lo mismo; entre ellos, gente que ahora tiene un montón de admiradores. Pero en el instituto se metieron con ellos y les hicieron creer que no valían nada, que eran *raros*, o que eran *feos*, o muchas de aquellas etiquetas que pueden tener el poder de limitarte, de cortarte las alas... Pero parece que ellos decidieron demostrar que eran mucho más que una simple etiqueta.

Te hablo de gente como...

Megan Fox

«Desde que nací me he sentido como un pez fuera del agua. En la escuela no tenía amigos. Y, de adolescente, tuve que sufrir comentarios negativos y otras dificultades.»

Taylor Swift

«Puedes dejar que te destruya o usarlo como motivación para soñar a lo grande y trabajar más duro. Nunca me invitaban a ninguna fiesta y ahora miro atrás y agradezco haberme quedado en casa tocando la guitarra hasta que me sangraban los dedos.»

Justin Bieber

«Siempre hay que informar de lo que ocurre, ya seas víctima o testigo; si no, el sufrimiento es mucho más intenso y se pierde la esperanza.»

Lady Gaga

«Mi nariz grande, mi cabello castaño rizado y mi sobrepeso me marcaron. Nunca me pegaron, ni mucho menos, pero las ofensas me dolían más. Me pusieron apodos que nunca olvidaré, pero que prefiero reservarme.»

EMINEM

«Los golpes que me daban no se olvidan; creo que aún los siento. Siempre la tomaron conmigo y, la verdad, no sé por qué. Nadie me ayudó, no encontré apoyo. Me pegaban en los baños, en los pasillos..., donde fuera.»

¡Y hay más!: Selena Gómez, Eva Longoria, Demi Lovato, Jessica Alba, Miley Cyrus...

Y ¿qué tienen en común? ¡Que no dejaron de ser ellos mismos! Es más: aquello por lo que sufrían acoso es precisamente lo que ahora los hace únicos y admirados.

NO cambies... ¡pero tampoco AGUANTES!

¡Todo esto no quiere decir que tengas que aguantar que se metan contigo porque así te vas a convertir en una estrella!

¿Hasta dónde hay que aguantar? ¿Dónde está el límite? Está claro que nadie tiene que permitir humillaciones o insultos. Pero en muchas ocasiones hay cosas que ni siquiera se consideran *bullying* porque no las vemos tan graves. Así que, para ti, ¿qué es lo que no deberíamos aguantar bajo ningún concepto? ¿Qué es para ti acosar a alguien o que te acosen? Escribe ejemplos en este cuadro:

Ten una cosa clara: a vuestra edad, todo eso ya no son cosas de críos, así que no puedes dejar que otros te hagan sentir siempre mal. Y ¿dónde está el límite? Yo te diría que no habría que dejar pasar estas conductas:

INSULTOS

MOTES

INTIMIDACIONES

RUMORES HUMILLANTES

PELEAS

AMENAZAS

CHANTAJES

ESCONDER O ROMPER COSAS

COLLEJAS

MEMES O VÍDEOS HUMILLANTES

RETO 12

MURALLA DE PROTECCIÓN

Al final, la resistencia de cada uno es distinta, así que te propongo que construyas tu *muralla de protección*. Se trata de trazar unas líneas rojas que nunca deberíamos dejar que nadie cruzara, y no solo para protegernos a nosotros mismos, sino también para saber cómo no debemos tratar nosotros a los demás.

¿Cuál sería tu muralla? Elige como mínimo cuatro cosas que jamás dejarás que nadie te haga.

2

1

TÚ

3

4

Este ejercicio yo lo hice hace ya algunos años, en una época en la que tenía la sensación de que todo el mundo decidía por mí y pensé que tenía que conservar un mínimo de dignidad... Estas son las líneas rojas que yo me propuse:

¡Este ejercicio me cambió la vida! Yo creía que si no seguía la corriente a mis amigos, ellos ya no querrían serlo, o que si daba mi opinión dejaría de caerles bien..., ¡y es todo lo contrario!

Cuando te respetas a ti misma, las demás personas tienen dos opciones: quererte como eres o no formar parte de tu vida. Así, ya no eres solo tú quien tiene que encajar, sino ellos también.

EL MUNDO AL REVÉS

Te voy a proponer un escenario en el que se van a presentar varias opciones y tendrás que elegir una de ellas e intentar imaginar cuáles crees que serían las consecuencias:

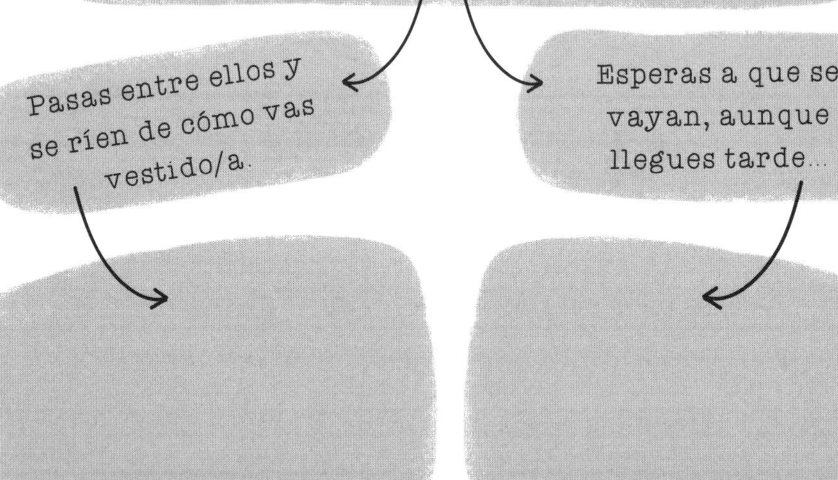

No hay una buena manera de solucionar esto, ¿verdad? Hagas lo que hagas siempre van a estar los típicos que se ríen de lo que haces...

Así se sienten muchas personas: juzgadas por cada movimiento que hacen. Y es cierto que suelen ser solo uno o dos los que se dedican a criticar. Pero no lo olvides: si hay una persona que trata mal, y otra que es maltratada, hay más de veinte alrededor que podríais hacer algo para evitarlo.

Lee esta cita de Edmund Burke:

«Lo único que necesita el mal para triunfar es que los hombres buenos no hagan nada.»

Suena a típico y nunca suele hacerse, pero hay que contarlo... a profesores, padres, compañeros. Sin vergüenza, con orgullo de haber tenido la valentía de afrontar algo tan malo, con la dignidad de no dejar que humillen a nadie. Si ves una injusticia, **¡HABLA!**, sin miedo a represalias, porque si todos apoyáis al pez pequeño...

¡este se vuelve grande!

TEST: ¿SUFRES ACOSO?

1 Cuando te toca participar en clase, ¿se suele crear un murmullo de voces y risas?

A) Siempre.

B) Alguna vez me ha pasado.

C) No, nunca me ha pasado.

2 ¿Tus compañeros de clase te ponen motes?

A) Sí, varios motes, y los usan para humillarme.

B) Sí, pero no siempre los usan para humillarme.

C) No, que yo sepa no me han puesto ningún mote.

3 ¿Te levantas sin ganas de ir a clase e incluso a veces te duele la cabeza?

A) Sí, cada día.

B) Sí, algún día me ha dado miedo ir a clase.

C) No, yo siempre tengo ganas de ir al insti.

4 ¿Sientes que no caes muy bien a tus compañeros o tienes pocos/as amigos/as de verdad en clase?

A) Sí, creo que no le gusto a nadie.

B) A algunos no les caigo bien, pero tengo amigos/as.

C) Le caigo bien a todo el mundo, todos son amigos/as.

5 Normalmente, aunque te hagan sentirte mal, ¿decides no contárselo ni a los profesores ni a tus padres para que no se preocupen?

A) Sí, me lo guardo como un secreto.

B) Alguna vez lo he dicho, pero me da miedo hacerlo.

C) Si me ha pasado, me he quejado y me han apoyado.

6 ¿Crees que en la escuela no te ayudan porque nunca le pasa nada a quien te trata mal?

A) Sí, es peor el remedio que la enfermedad.

B) A veces estas cosas les quedan grandes a los profes.

C) La escuela sí que puede ayudar, y cuanto más se denuncie más fácil lo tendrán.

7 Cuando se meten con otros compañeros, ¿te callas para que no empiecen a meterse contigo?

A) Sí, mientras se metan con otros, yo estaré a salvo.

B) Si es algún/una amigo/a, sí que intervengo.

C) Siempre que veo una injusticia intervengo.

8 En el último mes, ¿te han gritado, pegado, amenazado o escupido?

A) Sí, más de una vez.

B) Sí, una vez.

C) No.

Mayoría de A: Deberías hablar con tus padres o profesores; algo no va bien. No tienes compañeros en los que confiar en clase y sueles ser el blanco de todas las burlas.

Eso no puede seguir así, empiezas incluso a encontrarte mal por todo lo que estás soportando. Es hora de buscar soluciones. Tú vales más que todo esto.

Mayoría de B: Te sueles sentir mal en clase, temes hablar y opinar por miedo a que los demás se rían de ti.

Tienes que empezar a ser tú mismo/a, sin preocuparte por lo que los demás opinen sobre ti.

Mayoría de C: Te respetan, no se suelen meter contigo y tienes amigos con los que te sientes cómodo y en quienes puedes confiar. El instituto está siendo una buena etapa para ti, solo queda hacerte una pregunta: ¿Tratas a los demás igual de bien que te tratan a ti?

TEST: ¿ACOSO YO?

1 ¿Sueles insultar o criticar a tus compañeros de clase, ya sea a la cara o a sus espaldas?

A) Cada día.

B) Alguna vez lo he hecho.

C) No, nunca. Son solo pelis.

2 ¿Haces muchos chistes o bromas a costa de tus compañeros para que el resto se ría de ellos?

A) Sí, me hace sentir bien.

B) Yo no, pero sí que me río cuando alguien lo hace.

C) No, y me enfrento a quien sí lo hace.

3 ¿Has amenazado o pegado alguna vez a alguien si ha dicho que va a chivarse al profesor o a la profesora?

A) Sí, las cosas tenemos que resolverlas entre nosotros.

B) Yo no, pero no me gusta que la gente se chive.

C) No, si alguien se siente mal, tiene que decirlo.

4 ¿Insultas habitualmente a tus compañeros con calificativos como gordo/a o empollón/ona...?

A) Sí, y muchos más. Hay un mote para cada uno/a.

B) Sí, pero solo si hay gente mirando.

C) No, si algo no me gusta, lo soluciono hablando e intento no caer en el insulto fácil.

5 ¿Te ríes cuando acorralan a compañeros o les hacen llorar?

A) Sí, de hecho suelo ser yo quien lo hace.

B) Sí, para que no me lo hagan a mí también.

C) No, intento defenderlos o pedir ayuda.

6 ¿Te cabreas con facilidad y no puedes controlarte cuando tus compañeros te dicen algo?

A) Sí, me cuesta muy poco perder el control.
B) Si están mucho rato chinchándome, al final salto.
C) No me afecta que me insulten, no pierdo la calma.

7 ¿Notas que la gente tiene miedo a hablarte o mide sus palabras para que no te enfades?

A) Sí, me respetan porque saben de lo que soy capaz.
B) Algunos me tienen miedo, pero yo también temo a otros/as.
C) No; todos saben que, con respeto, pueden hablar de lo que sea conmigo.

8 ¿Compartes *memes* de alguien en grupos de WhatsApp o te ríes de algún compañero en otras redes sociales?

A) Sí, es muy gracioso compartir *memes* por WhatsApp.
B) No los hago, pero los comparto.
C) No, y si alguna vez me llega alguno, informo tanto a la persona a quien va dirigido como a los profesores.

Mayoría de A: No tratas bien a tus compañeros, hay muchas cosas que deberías replantearte. ¿No será que tus amigos te dan la razón por miedo? No eres más fuerte por hacer que los demás se sientan débiles. Deberías replantearte qué clase de persona quieres ser.

Mayoría de B: Aunque no sueles ser quien inicia las humillaciones, la mayoría de las veces sí que las sigues. Pero ¿qué dice eso de ti? No creo que te aporte nada tratar a nadie de esta forma, seguro que te hace sentir peor persona de lo que en realidad eres.

Te invito a ponerte en el otro lado y defender a tus compañeros. Seguro que te sientes mejor contigo mismo/a.

Mayoría de C: Eres una persona que respeta a todos y que no se deja influenciar por nadie. Sabes lo que es justo y lo que no, y sigues tus valores a rajatabla. ¡ENHORABUENA! Ojalá todos/as fueran como tú.

La SOCIEDAD que no AMABA a las MUJERES

Ni a los hombres
que escuchaban a
las mujeres

A los chicos y chicas de tu edad os ha tocado vivir una etapa extraña de la historia... Sí, sí, así es: no sois una generación más. Toda la sociedad ha puesto en vosotros la ilusión de que seáis la primera generación que empiece a cambiar las cosas. Sí, lo siento: **os han obligado a ser igualitarios**.

¿Que cómo se hace eso? ¡Ah, pues no tengo ni idea! ¿Es que no venís ya con el igualitarismo instalado de serie? **¡Pues vaya chasco!**

Se os pide que respetéis a todos por igual, que os enamoréis de la personalidad y no del físico, que no creáis en los príncipes azules, ni en las medias naranjas, que no escuchéis reguetón...

Pero ¿es que piensan que eso se produce por generación espontánea? **¿Que os pueden activar y desactivar con un interruptor?**

Bueno, pues sí que hay una manera, y de eso trata este libro. Voy a pedirte algo. Sé que quizá puede sonarte difícil, pero te pido que hagas un esfuerzo (¡venga, hazlo por mí, que soy muy maja!). Voy a pedirte que...

¡PIENSES!

¡Pero con mesura, eh! ¡Que a mí en algún taller se me han llegado a desmayar!

Creo que para poder vivir en el presente e intentar cambiar el futuro lo primero es **conocer el pasado...,** así que ¡empecemos por ahí!

Seguramente habrás oído que hemos avanzado muchísimo en igualdad en los últimos años. Incluso puede que hayas oído a alguien exclamar cosas como: **«¡No sé de qué se quejan, si ya tienen un montón de derechos!»**. Como si tener derechos fuera un favor que la sociedad moderna ha hecho a las mujeres...

A ver, vayamos paso a paso: es cierto que hemos avanzado muchísimo en los últimos años, pero ¿sabes **exactamente** cuánto?

DERECHOS MODERNOS

Pregunta a las mujeres de tu alrededor (madres, abuelas, la policía de la calle o la barrendera), a quien quieras, qué cosas pueden hacer hoy como mujeres que antes no podían. Intenta que la muestra de mujeres sea diversa en cuanto a la edad, las profesiones... Incluso, si puede ser, que sean de distintas ciudades.

A ver si te sorprenden las respuestas:

1. ____

____.

2. ____

____.

3. ____

____.

4. ____

____.

5. ____

____.

Es muy probable que te hayan respondido cosas como que no podían tener una cuenta del banco a su nombre, o que para sacarse el carnet de conducir antes tenía que firmar su padre o su marido. **¡Y ESO SOLO EN UNA GENERACIÓN!**

Pero vamos a curiosear un poco en lo más vergonzoso de nuestra historia más cercana:

AÑOS 70

Hasta 1970 no se retiró la ley según la cual los padres podían dar en adopción a sus hijos sin el consentimiento de la madre.

AÑOS 60

Hasta 1963 no se retiró del Código Penal el llamado *privilegio de la venganza de la sangre*. No, por desgracia no es una película de Steven Seagal. Era el derecho que tenían los hombres a matar a su mujer si esta les era infiel.

AÑOS 50

La Ley de 1933 de Vagos y Maleantes concedía el poder de detener y encarcelar a personas que, según la ley, eran peligrosas. El listado incluía en un inicio a proxenetas, rufianes, maleantes... En 1954, se modificó para incluir a las personas homosexuales, que fueron perseguidas y detenidas si reconocían su orientación sexual.

AÑOS 20

Las profesoras que querían ejercer su profesión en los años veinte tenían que firmar un contrato que incluía las siguientes prohibiciones:

- **No casarse.** Si lo hacían, perdían su trabajo.
- **No fumar.** Si las pillaban fumando, se cancelaba el contrato.
- **No pasearse** por heladerías del centro.

- **No usar vestidos** que quedaran más de 5 cm por encima del tobillo...

LA MUJER PERFECTA

Este reto es muy sencillo: ¡buscamos el retrato de la mujer perfecta! Piensa en lo que significa para ti *ser perfecta*, busca una foto (o varias) de una mujer que represente esa idea y pégala en este cuadro. ¡Vamos allá!

La GUÍA de la BUENA ESPOSA

Supongo que habrás puesto una foto mía, ¿no? ¡Pensaré que sí!...

Imagino que habrá de todo: científicas, deportistas, periodistas... **bueno, y muchas tetas...**

Tal vez te sorprenda saber que, hace cincuenta años, en el colegio se enseñaba a las niñas a ser *la mujer perfecta*. ¡Así es! La asignatura se llamaba Labores del Hogar, e incluso había once sencillos pasos para conseguir ser la esposa perfecta y hacer muy feliz a tu pareja. ¡No tienen desperdicio!:

¡11 reglas para hacer feliz a tu marido!

1 TEN LISTA LA CENA

2 ¡LUCE HERMOSA!

3 SÉ DULCE E INTERESANTE

4 ARREGLA TU CASA

5 HAZLO SENTIR EN EL PARAÍSO

6 PREPARA A LOS NIÑOS

7 MINIMIZA EL RUIDO

8 PROCURA MOSTRARTE FELIZ

9 ESCÚCHALO

10 PONTE EN SUS ZAPATOS

11 NO TE QUEJES

Las MUJERES son TODAS unas HISTÉRICAS

Seguramente hayas oído alguna vez esta frase. ¿Sabes de dónde viene? En el **siglo XIX**, la histeria era una enfermedad que se diagnosticaba **a una de cada cuatro mujeres**. Los síntomas descritos eran: sofocos, desmayos, cambios de humor, gritos en público... Y ¿sabes cómo se explicaban todos esos comportamientos? **¡Agárrate!:** se decía que era porque el útero iba suelto por el cuerpo de la mujer y, cuando le llegaba al pecho... ¡pues se le iba la pinza!

Ellos decidieron llamarlo *histeria*... Yo ahora lo llamaría *estar harta de* ***no poder hablar en público, ni votar, ni trabajar, ni estudiar...***

También se achacó a la insatisfacción sexual. ¿Sabes cuál era el tratamiento?

¡Sí! Y así fue como se inventó el consolador: para calmar la neurosis de las mujeres. (¡Marina os enseña, a la vez que os divierte!)

¿No hubiese sido más fácil escuchar lo que las mujeres tenían que decir?

RETO 16

EL FLECHAZO

Las mujeres no han escrito la historia, y por eso muchas veces su labor ha quedado oculta. ¿Quién inventó cada una de estas cosas? ¿Hombre o mujer? Únelos con flechas:

KEVLAR (material chalecos antibalas)
TELÉFONO
FREGONA
LIMPIAPARABRISAS
BOMBILLA
INTERNET
BENGALAS DE SOS
VIDEOCONSOLA
BARCOS SALVAVIDAS
SIERRA ELÉCTRICA
PERISCOPIO

Venga, te paso las soluciones, pero tendrás que buscar tú quién inventó cada cosa, ¿eh?

¿No te parece injusto que solo nos hayan enseñado la mitad de la historia? **¿No sería mejor tener el doble de personas a las que admirar?**

RETO 17

EL ÁRBOL DE LA MEMORIA

¿Quieres descubrir un poquito más sobre tu familia? Investiga un poco y rellena este árbol genealógico con las mujeres importantes en la historia de tu familia. ¡Seguro que descubres muchas cosas sobre tus orígenes!

Nombre

Años que tiene / que vivió

¿Pasó alguna guerra?

¿Estudió?

¿Cuándo empezó a trabajar?

Datos curiosos de su vida

Nombre

Años que tiene / que vivió

¿Pasó alguna guerra?

¿Estudió?

¿Cuándo empezó a trabajar?

Datos curiosos de su vida

Nombre

Años que tiene / que vivió

¿Pasó alguna guerra?

¿Estudió?

¿Cuándo empezó a trabajar?

Datos curiosos de su vida

Nombre

Años que tiene / que vivió

¿Pasó alguna guerra?

¿Estudió?

¿Cuándo empezó a trabajar?

Datos curiosos de su vida

TÚ

Ahora que ya has visto unas cuantas pinceladas del pasado, de la realidad de la que venimos... tal vez entiendas por qué tienes una gran responsabilidad al pertenecer a la primera generación del siglo XXI.

Porque depende en gran parte de ti que a partir de ahora se cuente la historia de todos: los logros, los inventos y las revoluciones de mujeres y hombres por igual.

¡Tienes toda una vida para hacer historia!

La DESIGUALDAD que nos EDUCA

Música, tele, pelis y otras fuentes de micromachismo

Tras ver de dónde venimos, parece claro que se ha avanzado muchísimo hacia la igualdad... Pero, entonces, **¿por qué sigue habiendo tantas diferencias entre mujeres y hombres?**

Tal vez tenga algo que ver lo que hemos visto en el primer capítulo: la sociedad nos educa desde el principio con la idea de que seamos diferentes... y nos acabamos volviendo diferentes. O, al menos, acabamos pensando que somos diferentes.

La sociedad, ¿recuerdas?, aquella ***nube tóxica*** que nos manipula sutilmente para decirnos cómo ser, cómo vestir, de quién enamorarnos y hasta qué significa enamorarse.

Sigo en mi afán incansable de que tu cerebro se escape por un momento de ese molde... **¿No te has preguntado nunca cómo consiguen insertarnos esas ideas en la mente con tanta fuerza?**

Hemos visto cómo nos educan prácticamente desde que nacemos, pero esto no acaba aquí. Por desgracia, ese bombardeo sigue actuando durante el resto de nuestra vida.

VIDEOJUEGOS aptos para MUJERES

Supongo que tienes en mente el mando de una consola de videojuegos. No te quiero influenciar, **piensa en el primer mando que te venga a la cabeza**. ¿Lo tienes? Bien. En general, todos los mandos están diseñados para adaptarse a la mano humana. Todos, chicos y chicas, podemos usar un mando, apretar todos los botones mientras vemos lo que pasa en la pantalla. **Hasta aquí imagino que estaremos de acuerdo...**

Si fisiológicamente no hay nada que impida a las mujeres jugar de una forma similar a la de los hombres... **¿alguien podría explicarme por qué existen juegos para chicos y juegos para chicas?** Veamos las diferencias:

PARA TÍOS

Sí, chicos, los videojuegos os enseñan que sois **los putos amos del universo**. Que podéis salvar al mundo de lo que sea: nazis, zombis, vampiros... Sois todos fuertes, ágiles, valientes. ¡Vamos, que sois todos unos francotiradores de la hostia aunque tengáis siete dioptrías en cada ojo!

Sois estrategas, capitanes, expertos en artes marciales, salváis al mundo todos los días (de cinco a siete, que es cuando os dejan jugar a la consola), y nunca pasáis frío. **¡Mola!**

PARA TÍAS

¿Pensabais que a las tías no nos dejaban aparecer en los videojuegos? **¡Claaaro que sí!** Las tías salimos en algún videojuego, aunque pasamos más frío que vosotros… **¡porque no nos ponen tanta ropa!**

Pero no os desaniméis, chicas, que mirad si hemos avanzado que ya hasta podemos protagonizar nuestro propio videojuego de aventuras… **¡A lo loco!**

Lara Croft, la protagonista de ese pedazo de juego al que todas queríamos jugar, porque al menos controlábamos a un personaje femenino.

Aunque, claro, tampoco era sencillo identificarse al ciento por ciento con ella... ¡En cada nueva edición la ponían con más tetas y más escote! **¡La pobre ya casi no puede ni escalar!**

De todos modos, como no quiero que me acusen de ser parcial, tengo que reconocer que cada vez nos *dejan* protagonizar más videojuegos... ¡e incluso vestidas!

Y, además, podemos elegir entre una amplia gama de profesiones: **Imagina ser cocinera, Imagina ser veterinaria, Imagina ser peluquera...**

Porque «Imagina ser astrofísica» o «Imagina ser cirujana» no los he encontrado... ¡No vaya a ser que alguna se lo imagine, y ya la tenemos liada!

DISEÑADORES DE PERSONAJES

Ahora voy a pedirte que diseñes un personaje. Imagínate que un cliente te pide que diseñes un personaje tipo Lara Croft, pero en el que no predomine su sexualidad, sino que ponga en valor otras facetas. ¿Cómo imaginas su aspecto? ¿Cómo cambiarías el juego para darle más profundidad al personaje?

ASPECTO FÍSICO

____

____

____

____

PAPEL EN EL JUEGO

____

____

____

____

El SÉPTIMO ARTE... de la DESIGUALDAD

¡Ah! Y ¿qué decir del maravilloso cine? Chicas, nos quejamos mucho del machismo y de lo poco que se nos valora en la sociedad... **¿y luego nos volvemos locas con estas películas?**

A ver, dejad un momento de suspirar por Hache, que primero voy con *Crepúsculo*...

CREPÚSCULO. RESUMEN MARINA *STYLE*

Tienes quince años, llegas al instituto y ves a un chico **guapísimoooo** (bueno, algo lechoso; le falta alguna vitamina, diría yo).

Pero bueno, a lo que vamos, que te enamoras al instante, así que te acercas a él y le dices:

—¡Te he visto y ya me he *enamorad*!

Y él te contesta:

—¡No, huye de mí, soy superpeligroso, puedo hacerte daño!

(Si un tío, al minuto de conocerme, me dice que me puede hacer daño, yo salgo por patas...)

Pero ella no:

—Da igual, si es que yo ya te quiero. Y estoy tan segura (aunque tenga quince años) de que voy a quererte para siempre que... ¡MUÉRDEME!

A ver, chiquilla... ¡Que la eternidad es mucho tiempo! ¡Que a lo mejor al año ronca, le huelen los pies o es tonto...! **¡Pero no, tú ya *pa'* siempre!**

3MSC. RESUMEN MARINA STYLE

Y ¿qué me decís de Hache? Un tío al que le gusta una tía y lo primero que se le ocurre hacer es ponerse a su lado en la moto y decirle: «¡FEA!». Pero es que ¡ella al final sale con él! Vamos a ver, chica... **¡Que es un tío a quien lo primero que se le ha pasado por la cabeza cuando te ha visto ha sido llamarte FEA!**

Pero claro, es ese tipo de chico con un punto de chulo, que parece un chulo, se comporta como un chulo...pero que, por alguna extraña razón, crees que cuando se enamore de ti (y solo de ti) va a dejarte entrar en su coraza. Una coraza que (¡oh, qué tierno!) lleva puesta solo porque lo ha pasado muy mal. Y, entonces, por arte de magia, él va a convertirse en una persona supercariñosa, divertida, sincera, fiel...

¡YA!

Siento mucho decirte esto, pero si tiene un punto de chulo, parece un chulo y se comporta como un chulo...

¡Sorpresa, sorpresa!

¡Puede que sea un chulo!

FALLO DE GUION

Imagina que te pasan el guion original de *3MSC* y puedes cambiarlo a partir de este punto para hacerlo más igualitario... ¿Cómo seguiría?

(Hache para la moto y observa a Babi, que está recostada sobre su brazo en la ventanilla del coche. De repente, grita:)

HACHE: ¡FEAAA!

BABI: ____

____

____

____

____

____

____

____

____

____

____

________________________________.

La CAJA TONTA... ¡y MACHISTA!

En este repaso no podía faltar la tele, con sus maravillosos programas educativos... **¡Ejem!**

¡Ojo, no quiero decir que no haya programas que valgan la pena! Pero hay otros que no se caracterizan precisamente por su riqueza cultural ni por la estabilidad emocional de la gente que participa en ellos...

PROGRAMAS...

... DONDE SE ORGANIZAN PRIMERAS CITAS ENTRE DESCONOCIDOS PARA QUE SURJA EL AMOR A PRIMERA VISTA.

... DONDE UNA PAREJA SE CASA *FOR EVER AND EVER* SIN HABERSE VISTO NUNCA ANTES.

... DONDE UNOS TRONISTAS ELIGEN PAREJA COMO EL QUE COMPRA EN EL SÚPER.

SI HAY QUE SER FLORERO...

Todavía hay muchos programas o retransmisiones deportivas donde aparecen mujeres con un rol que se limita a exhibir su cuerpo, frente al papel protagonista de los hombres. Describe qué funciones suelen tener los hombres y cuáles las mujeres en este tipos de programas:

1. Programas de entretenimiento con hombres de presentadores y mujeres de azafatas:

HOMBRE:

MUJER:

2. Retransmiones de motociclismo, el momento antes de la salida:

HOMBRE:

MUJER:

3. Retransmisión de la alfombra roja de los Premios Óscar de cine:

HOMBRE:

MUJER:

MUJERES en VENTA

La publicidad es quizá la fuente más efectiva de ideas que fomentan la desigualdad, porque lo hace continuamente y casi sin que nos demos cuenta... **¡Lo vemos y ya está!**

Pero ¿has observado con detenimiento algunos de los anuncios que corren por ahí?

Había un anuncio de un perfume (no quiero ni decir la marca) que presentaba una escena similar a esta:

¿Qué te parece? ¿A qué te recuerda?

Una chica en el suelo con las piernas levantadas y con cara de pocos amigos, cuatro tíos (uno en acción, dos mirando y otro más apartado como para cortar el paso)...

¡Llámame loca, pero a mí esto me parece una clara escena de violación!

Y yo me pregunto: ¿de verdad hace falta simular una violación para vender una colonia?

¿De verdad existe un perfil de comprador que elige adquirir esta colonia después de ver este anuncio? ¿Qué mensaje le atrae de él?

Pero vamos a pensar más allá, pensemos en la empresa que decide que esta es la mejor forma de presentar su marca...

¿POR QUÉ CREES QUE SIMULAN ALGO ASÍ PARA VENDER?

¿A QUÉ ESTÁN APELANDO?

¿QUÉ IMAGEN DE LOS HOMBRES REFLEJA?

¿QUÉ TIPO DE RELACIÓN ENTRE HOMBRE Y MUJER SE HACE EVIDENTE EN ESTA IMAGEN?

RETO 21

QUE NO TE VENDAN LA MOTO...

En cinco palabras tienes que decir lo que nos *vende* esa publicidad tras hacerte las mismas preguntas que nos hemos hecho en el caso anterior.

1. ____________________ 1. ____________________

2. ____________________ 2. ____________________

3. ____________________ 3. ____________________

4. ____________________ 4. ____________________

5. ____________________ 5. ____________________

REINVENTANDO LA PUBLICIDAD

¿Y si los roles de género que nos muestra habitualmente la publicidad se intercambiaran? Intenta dibujar la versión inversa de estas escenas tan típicas (si no quieres dibujarlo, describe cómo sería):

Un DISCO demasiado RAYADO

Lo de la música es flipante: hay canciones tan pegadizas que a veces ni siquiera nos fijamos en su letra mientras las bailamos o las cantamos como si no hubiera un mañana.

Te pongo algunos ejemplos. Seguro que las has escuchado mil veces:

«Yo cargaría tu cruz a mi espalda,
tus secretos bajo mi falda.
Por ser tu mujer yo le entrego
a Dios mi alma.
Por ser tu mujer me olvido
de ser una dama.
Por ser tu mujer sería capaz de
morir en tu cama.»

NATALIA JIMÉNEZ - *Por ser tu mujer*.

¡¿En serio?! Pero si solo le ha faltado decir: **«¡MÁTAME, POR FAVOR!»**.

¡Qué manía con entregar el alma! ¿Por qué, si solo tenemos una?

¿Y lo de morir por amor? ¡Sí, qué romántico es morir! ¡Es una experiencia superdulce!

Ya ves: no hace falta ni gastar la carta del reguetón. Basta con dos baladas supuestamente románticas, que parece que estemos cantando algo precioso y en realidad es algo como...

«¡Oh, qué bonito, mátame en la cama!»

CAMBIO DE LETRA

¿Y si reinventamos la música? Vamos a seleccionar una canción y te voy a pedir que intentes cambiarle un poco la letra para convertirla en una canción por la igualdad. Ya que antes no he gastado el comodín del reguetón, ¡voy a usarlo ahora!

«Quiero una mujer bien bonita,
callada,
que no me diga nada,
Que cuando me vaya en la noche
y vuelva en la mañana
no diga nada.
Que aunque no le gusta que tome
se quede callada;
y ya no hables más
y dame un beso.»

Kevin Roldán - *La muda*.

Ha quedado claro el mensaje, ¿verdad? Perfecto, pues ahora imagina que la canción, en lugar de *La muda*, se titula *La musa*, e intenta cambiarle la letra para describir cómo querrías que fuera tu pareja, ya sea mujer u hombre.

«____

____

____

____

____

____

____

____

____

____

____

____

____»

____________________ - *La musa*.

En la PUNTA de la LENGUA

Por último, me gustaría que te fijaras en algo que no es externo a ti, como puede ser una peli o una canción... Vamos a hablar de la lengua, de las palabras, de las expresiones.

¡No llores como una niña!

¡Pelea como un hombre!

Compórtate como una señorita

El idioma es una herencia que se transmite de una generación a otra. Ya hemos visto de dónde venimos, por lo que es normal que en el lenguaje haya **residuos de expresiones o palabras** que provengan de esa realidad.

Es algo difícil de superar, porque así como en el caso de una peli tienes la opción de no verla, las palabras son nuestras herramientas de expresión, y muchas veces **las usamos casi sin pensar.**

Así que, ya sabes lo que voy a pedirte, ¿no?

Exacto, ¡que pienses!

EL LENGUAJE DESLENGUADO

Las palabras que utilizamos habitualmente son un claro ejemplo de las desigualdades que todavía encierra nuestra sociedad. Por poner solo un ejemplo, cuando una cosa es muy divertida es ***la polla***, pero cuando es superaburrida es ***un coñazo.***

Ejemplos como este hay mil, ¿alguna vez te habías parado a pensarlo? Pues ese es el reto: busca diez palabras que en masculino signifiquen algo guay, y en femenino, algo negativo.

1. ___________________ 6. ___________________

2. ___________________ 7. ___________________

3. ___________________ 8. ___________________

4. ___________________ 9. ___________________

5. ___________________ 10. ___________________

Podríamos encontrar **mil ejemplos más**, pero de lo que se trata es de que seas consciente de que no es solo una canción, un anuncio o una película... Es absolutamente **TODO** lo que nos rodea.

Y encima luego, cuando seáis adultos, esa misma sociedad que ha aceptado que se creen estos productos y se vendan de esta forma os exigirá que seáis igualitarios...

Pero mientras a las chicas se las siga utilizando como un mero **soporte con tetas**, el mensaje que estaremos mandando es que las mujeres son un objeto que se puede comprar.

Y mientras se siga vendiendo la idea de que el amor es algo por lo que hay que morir, que es bonito entregar el alma por otra persona, seguiremos fabricando **mujeres sumisas y hombres con privilegios**, y seguirá avanzando la cuenta atrás de esta bomba de relojería...

Hasta que le llegue la hora de explotar...

En busca de «LO NORMAL»

Hablemos de sexo

Por fin ha llegado la hora de **hablar de sexo**... ¡sé que estabas esperando este momento!

Pero antes de pasar a lo que estás deseando, déjame hablar de todas las connotaciones de la palabra *sexo*. Sí, porque tradicionalmente la educación sexual que se os ha dado a los jóvenes se centra únicamente en explicar las relaciones sexuales, la prevención del embarazo y las enfermedades de transmisión sexual y la función reproductiva del sexo. Que está muy bien, y hay que saberlo, pero... creo que estamos en un momento en que eso se queda corto. Así que pienso que, además de esas cuestiones, una buena educación sexual para chicas y chicos de vuestra edad tendría que incluir una explicación detallada y sin complejos de vuestro cuerpo, y tendría que detenerse también en explicar las distintas identidades sexuales que existen.

Es una edad donde es extremadamente habitual sentir complejos. Y todos, **absolutamente TODOS los complejos** tienen algo en común: que la persona que los sufre piensa que eso que tiene, o eso que le pasa, **NO ES NORMAL**. Dado que es imposible que todos quepamos en el estrecho margen de lo que es considerado normal, ¿no te parece que hay otra solución más sencilla? ¿Por qué no nos centramos en **AMPLIAR AL MÁXIMO LA IDEA DE LO QUE ES NORMAL**?

Así que vamos a hablar de la identidad sexual. En otras palabras, antes de hablar de sexo puro y duro, vamos a hablar del cuerpo y de la atracción sexual, es decir: quién nos pone o de quién nos enamoramos.

Y no te preocupes, que luego hablaremos de sexo. **Sí, de ese sexo.**

BANDERA DE LA IGUALDAD

Por fortuna, parece que se va abandonando la idea de que las únicas relaciones normales son las que se dan entre un hombre y una mujer. Somos de ideas fijas y tendemos a simplificar, pero por suerte la realidad es maravillosamente más compleja. ¿Sabrías unir las distintas identidades sexuales con su definición? ¡Es importante tener claro de lo que hablamos antes de empezar a hablar!

Personas que no se identifican con el sexo con el que han nacido, y pueden (o no) llegar a operarse para cambiarlo.

Personas que se sienten atraídas afectiva y sexualmente por el sexo opuesto al suyo.

Mujeres que se sienten atraídas afectiva y sexualmente por personas de su mismo sexo.

Personas que pueden sentirse atraídas afectiva y sexualmente por cualquier otra persona independientemente de su sexo.

Personas que han nacido con atributos y rasgos femeninos y masculinos simultáneamente, y que pueden sentirse hombres o mujeres y pueden quedarse (o no) con esos atributos y rasgos.

Hombres que se sienten atraídos afectiva y sexualmente por personas de su mismo sexo.

Tu IDENTIDAD es TUYA

En realidad, todo esto es más sencillo de lo que podría parecer:

¿Cómo y con quién eres feliz?

Básicamente no tiene más historia. Nos tiene que importar poco lo que la sociedad diga que es normal. Además, ¿quién quiere ser normal? ¡Yo no, por favor!

Si uno es feliz consigo mismo y tiene claro qué necesita para ser feliz, lo otro es secundario. Es obvio que contar con el apoyo de las personas más cercanas es muy importante, pero ten una cosa clara: para la gente que te quiere, lo más importante es que seas feliz, así que por mucho que tengan que adaptarse a una realidad que les choque, si ven que eres feliz no van a darte la espalda. Y los demás... bueno, ¿a quién le importa su opinión?

Puede que no sea tu caso, y entres dentro de lo que la sociedad considera *normal*, pero intenta ponerte por un momento en la piel de quien no entra en ese saco, por la razón que sea.

Cada día tienen que librar una batalla para enfrentarse a ese choque entre su identidad y la obligación de encajar en la normalidad. Eso, en el mejor de los casos, se traduce en tener que responder a preguntas incómodas que no vienen a cuento. ¿Quieres probar a ponerte en la piel de esas personas?

RETO 26

LA HETEROENTREVISTA

Es muy sencillo: elige a una persona de tu entorno que sepas que es heterosexual e invítala a que responda a estas sencillas preguntas. ¿Te atreves?

¿Cuándo descubriste que eras heterosexual?
¿Te costó contárselo a tu familia?
¿Qué opinas de los bares de ambiente heterosexual?
¿Te costó aceptar tu heterosexualidad?
¿Se lo has contado a todos tus amigos?
¿Qué opinas de que los heterosexuales tengáis los mismos derechos que el resto de las personas?
¿Te han excluido de algún grupo de amigos, insultado o hecho chistes a tu costa por tu condición?

¿Ves lo absurdo que resulta preguntar este tipo de cosas o tratar de forma distinta a otra persona por la simple razón de por quién se siente atraída o de quién se enamora?

Yo solo divido a las personas en dos grupos:

EL SEXO NORMAL

Ahora que hemos intentado ampliar el abanico de identidades que caben en lo que es considerado normal, podemos pasar al siguiente tema.

¡SÍ, a ESE TEMA!

Me gusta una persona, me he enamorado de ella, me pone, tengo mariposillas en el estómago... Llámalo como quieras. Y ahora, ¿qué?

Cuando nos gusta una persona y empezamos a salir con ella nos invaden millones de dudas:

¿Y si no le gusto?
¿Y si se va con otra persona?
¿Cuándo tengo que darle un beso?
¿Cuánto tiempo es normal que pase antes de acostarnos?

Ojalá tuviera respuestas a todas esas preguntas que surgen cuando nos ilusionamos con una relación... pero no, lo siento. No soy tan buena.

Aunque intentaré al menos dejar claras unas normas básicas para protegerte y para darte la independencia que te permita tomar decisiones solo cuando TÚ quieras.

EL AMOR VERDADERO NO PUEDE ESPERAR

Imagina que llevas un mes saliendo con una persona que te parece MARAVILLOSA... Un día, tenéis esta conversación por WhatsApp:

Hola, qué tal el día? Hoy estaré sol@ en casa...

Y eso?...

Mis padres se van fuera... Podríamos dormir juntos!

Quieres q duerma contigo?

Claro, ya llevamos más de un mes... y me muero de ganas!

Es q no sé si estoy preparad@

Pero si mucha gente en el insti ya lo ha hecho... Es q no me quieres?

Claro q te quiero, no es eso...

Entonces?

Termina la conversación, pero...

- Mantén tu decisión: no estás preparado/a.
- Intenta no acabar con la relación.

Tengo que reconocer que este reto sería difícil...

¡incluso para mí!

No es fácil cuando no depende directamente de ti, sino que hay otra persona implicada, con su personalidad, sus prioridades, su carácter, su entorno. Por eso, como no puedes controlar las reacciones de otra persona, mi consejo es que, al menos, tengas claro lo que tú quieres.

No es una decisión fácil. Por mucho que recibas presión desde diferentes frentes diciéndote que el sexo no es para tanto, si para ti sí que lo es, entonces no hay más que hablar: tienes que hacerlo con quien sientas comodidad, seguridad y estés a gusto. Y tienes que aprender a identificar cuándo están intentando manipularte, ya sea con palabras o con acciones, para que cambies de opinión.

MANIPULACIÓN MANIPULADA

Fíjate bien en estas actitudes o situaciones. ¿Cuáles consideraríais que son manipulación? Anótalo en la página siguiente.

1. Te hace regalos y, si luego no quieres tener sexo, te echa en cara todo lo que te ha regalado.
2. Te dice que si no tenéis sexo se va a ir con otra persona.
3. Te dice que tenéis que tener sexo porque sabe que con otra persona ya lo has hecho.
4. Te intenta tocar o besar aprovechando que has bebido o estás durmiendo.
5. Te recuerda constantemente que otras parejas ya lo hacen.
6. Te dice que te quiere y que cuando estéis preparados ya lo haréis.
7. Te dice que, si le quieres, tenéis que hacerlo ya.
8. Te va soltando que hay otras personas interesadas en tener sexo con él/ella.
9. Habláis de cuándo y cómo os gustaría hacerlo.
10. Podéis abrazaros y besaros sin tener que ir a más si alguno de los dos no quiere.

NO ES MANIPULACIÓN

ES MANIPULACIÓN

TEST: ¿DISCRIMINAS?

1. Utilizas insultos como *mariquita* o *nenaza* para reírte de amigos por mostrar sus emociones.

A) Cada día.
B) Alguna vez lo he hecho.
C) No, nunca.

2. Si descubres que alguien es homosexual cambias tu forma de actuar, por si te tira los tejos.

A) Sí, no quiero que piense lo que no es.
B) Sí que me resulta raro, pero intento no mostrarlo.
C) No cambio mi forma de actuar en absoluto.

3. No te parece justo que haya un día del orgullo gay y no haya uno del orgullo heterosexual, o un día de la mujer y no un día del hombre.

A) Esto es así: igualdad para todos, ¿no?
B) Me parece una excusa para exhibirse e ir de fiesta.
C) Son colectivos maltratados y merecen reivindicarse.

4. No te parece bien que una pareja de chicos se bese en la calle. Lo pueden hacer, pero en privado.

A) No me parece bien que lo hagan ni en privado.
B) Es así: prefiero no verlo.
C) No me molesta que nadie se bese, me molesta más que alguien se pelee.

5. No te apuntarías a una clase extraescolar sabiendo que la profesora o el profesor es homosexual.

A) Esa clase quedaría descartada automáticamente.
B) Iría, pero no estaría muy cómodo/a.
C) Si son buenos profesores, me da igual su condición.

6. Te parece bien que los homosexuales sean pareja, incluso que se casen, pero no que puedan adoptar.

A) No me parece bien que sean pareja ni que se casen.
B) Creo que la familia la deben formar hombre y mujer.
C) Creo que tienen que tener el derecho de adoptar.

7. No te sentaría muy bien que tu mejor amigo/a te dijera que es homosexual o bisexual.

A) Le retiraría la palabra de inmediato.
B) Me haría sentir muy incómodo/a y me costaría un tiempo aceptarlo.
C) No tendría ningún problema. Mis amigos/as lo son más allá de sus preferencias sexuales.

8. Entiendes que la gente pueda ser homosexual, pero la bisexualidad ya te parece vicio.

A) No entiendo ni lo uno ni lo otro.
B) Creo que los bisexuales son gente que todavía no ha elegido su condición.
C) La bisexualidad es una condición sexual como otra.

Mayoría de A: Discriminas a las personas por su orientación sexual, ni siquiera te esfuerzas en conocer su personalidad, simplemente juzgas y eso es muy peligroso. Necesitas empezar a quitarte todos esos prejuicios de encima para comenzar a ser feliz, o solo acumularás odio.

Mayoría de B: Crees que tienes mucha tolerancia, pero el objetivo no es tolerar, sino respetar. Aún tienes demasiados prejuicios. No puede ser que varíes tu comportamiento con alguien cuando conoces su condición sexual. Te propongo que pruebes a ver a todo el mundo simplemente como personas. ¿Qué más da de quién te enamores mientras seas feliz?

Mayoría de C: Respetas a las personas independientemente de su condición, solo por ser como son. En ti tienen a alguien que lucha por sus derechos y por la igualdad. ¡Sigue así, porque serás muy feliz!

FALSOS MITOS sobre el AMOR

Claves para tener relaciones sanas

Como soy optimista, voy a imaginar que has ido avanzando por el libro, que ya has asimilado que existen ciertas diferencias en la forma en que nos educan, que has aprendido a cuidar tu autoestima, que conoces nuestro pasado y que eres consciente de tu cuerpo y de cómo, con quién y cuándo quieres tener relaciones sexuales.

Pero... ¿y el amor? Porque llevamos toda la vida viendo pelis, leyendo libros y escuchando canciones que nos hablan del amor para siempre, del amor a primera vista, de la media naranja, del «por ti moriría»... Te suena, ¿verdad?

¡Si es que hasta yo me emociono! (¿Qué quieres? Yo también he visto esas pelis y he escuchado esas canciones...)

Entonces ¿solo en ese caso es amor verdadero? Mmmm... Lo siento, pero voy a obligarte de nuevo a pensar.

¿No será todo un pelín más complicado que eso? ¡O más sencillo, depende de cómo se mire!

EL AMOR ES...

Describe qué es, según tú, el amor verdadero:

____

____.

¿Cómo lo diferencias de los amores falsos?

____

____.

¿Qué sientes cuando el amor es de verdad?

____

____.

¿Cómo cambia tu vida cuando encuentras a esa persona con quien compartirla?

____

____.

¡CUANDO NOS ENAMORAMOS LA VIDA TIENE SENTIDO, LOS PÁJAROS CANTAN, LAS NUBES SE LEVANTAN!....

ALGUNOS (FALSOS) MITOS sobre el AMOR

Fíjate en las siguientes frases e ilustraciones. Seguro que muchas te suenan:

TODO SE SUPERA

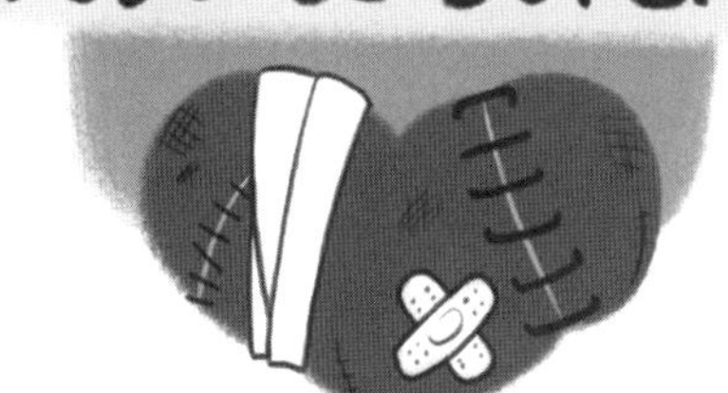

QUIEN
BIEN
te quiere
TE HARÁ
LLORAR

DESMONTANDO MITOS MARINA STYLE

¿Qué tal? ¿Te late fuerte el corazón? ¿Sientes mariposillas en el estómago?

Ahora que te he dejado creerte protagonista de una peli cursi... ¡volvamos a la realidad!

Sí, porque siento decirte que el hecho de que una frase suene bonita no la convierte en cierta. ¿Me acompañas a hacer un repaso de cada una de esas frases? ¡Vamos allá!

¿Cómo no nos vamos a creer esta mentira si nos tragamos películas que dicen que aunque mi pareja sea un vampiro va a luchar contra sus instintos por nuestro amor? En realidad esto quiere decir: «Da igual lo malo/a que seas, que yo te quiero igualmente». A ver, no, si una persona te hace daño y te obliga a que te adaptes a lo que quiere, pues tal vez no sea la mejor relación por la que apostar...

Esto es algo que me dicen mucho en los talleres: «Si voy del brazo de otro/a y no se pica es que no le importo nada». Entonces, ¿al empezar una relación se acabaron los amigos del sexo opuesto? ¿Dónde está la frontera entre que se preocupe por ti y que te controle? En serio: si sales con alguien es para estar bien, no para estar sufriendo día sí y día también.

La frase que podría dejar sin trabajo a todos los médicos del mundo... Si todo lo cura el amor, ¿qué hacemos investigando la cura de tantas enfermedades?

Y del autor de «el amor lo cura todo» llega «el amor lo perdona todo».

Ten clara una cosa: decir «es que te quiero» no puede servir como perdón por todo el daño que te haga alguien.

Sigo buscando mi media NARANJA

Ah, la media naranja, esa persona creada por el cosmos para que nos podamos sentir completos.

¿Completos? No sé, yo me veo bien terminada... no estoy a medio hacer.

Además, ¿cómo estar seguros de que es nuestra media naranja? ¡Si no lleva etiqueta ni nada! ¡Igual resulta que en lugar de media naranja es medio kiwi y nos está exprimiendo!

¡Ay, sí, qué romántico es morir por amor! Pero, a ver, no nos precipitemos, ¡que igual puedes hacer algo más por esa persona que tanto quieres si te mantienes con vida!...

No, no creo que se deba medir el amor por lo mucho que estaríamos dispuestos a morir por nadie.

Vale, pero... ¿hasta qué punto hay que perdonar?

Creo que, antes de empezar una relación, deberías marcarte una frontera, la cual NADIE puede traspasar, aquella que marque el límite en el que estarías dejando de quererte a ti por querer a otro.

¿Cuál es tu frontera? ¿Qué es lo que nunca perdonarías en una relación por mucho que quisieras a esa persona?

FRONTERA

Una frase muy de abuela, ¡sí, señor! ¡Pues no! Yo quiero que quien me quiera me haga reír todos los días. Nos hacen asociar el amor al llanto y al sufrimiento. ¿Quieres otro consejo? No olvides esto: el amor de verdad te hace reír cada día.

Esta es mi preferida: si el amor es verdadero, todo se supera. ¿Te das cuenta? Con ese planteamiento se le da la vuelta a la tortilla y, ¡alehop!: la víctima pasa a ser culpable. Así que para no sentirnos culpables nos convencemos de que todo va bien, sin darnos cuenta de que estamos aguantando una relación que no nos aporta nada y perdiéndonos la posibilidad de ser felices. ¿El amor a toda costa? ¡No, gracias!

¡NO ME CUENTES CUENTOS!

Ahora te voy a pedir que escribas un cuento infantil. Para que no tengas que pensar demasiado, ya te doy yo el título: *La princesa a la que le daba asco besar a un sapo*. Invéntate un cuento que dé la vuelta a las clásicas historias de amor de príncipes y princesas.

DE SUEÑO A PESADILLA

Además de estos falsos mitos, la idea que se vende del amor siempre es muy distinta si va dirigida a las chicas que si va dirigida a los chicos.

Las chicas crecemos entre cuentos de princesas y príncipes azules que no destiñen. Miles de canciones nos dicen que debemos entregar nuestra alma por amor, y conseguir que esa relación funcione a pesar de todo.

A los chicos, la sociedad os educa de manera bastante diferente. ¿Cómo lo diría...?

¡TETAS, TETAS, TETAS!

Os venden tetas por todas partes, y esto es un peligro: si se usan tanto las tetas para vender, la mujer pasa a ser un objeto más. Algo que puede comprarse...

Sí, chicos, lo vuestro es distinto: no hay canciones, juegos o películas que os cuenten cómo sacrificaros por amor, sino cómo divertiros gracias al amor.

Si existen unos conceptos de relación tan diferentes... ¿cómo no va a generarse una frustración al chocar contra la realidad?

Y esto es muy importante, porque si esta frustración no se gestiona bien puede crear infelicidad e incluso derivar en violencia.

Sí, aquello que parecía un sueño sin fin puede convertirse en la peor de las pesadillas.

YO me lo CREÍ

El precio que pagué por creer que eso sí que era amor

Yo sufrí violencia de género. De los quince a los diecinueve años.

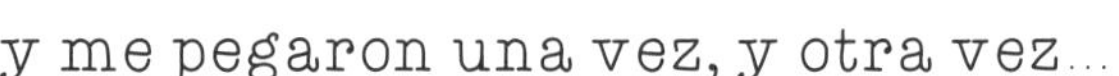

A mí me maltrataron,

me insultaron,

me escupieron,

me quemaron,

me violaron

y me pegaron una vez, y otra vez...

Y me daba igual, porque pensaba que él iba a cambiar. Pensaba que conseguiría que se diera cuenta de lo mucho que luchaba por ese amor.

Pero no, mi historia fue esta: me enamoré de un chulo, que parecía un chulo y que (¡OH, SORPRESA!) al final resultó ser un chulo que no hizo más que jugar a que yo tenía que dar y dar por ese amor a cambio de nada.

Conseguí salir de esa relación a los diecinueve años. Me costó, porque él siempre conseguía que lo perdonase. Llorando en mi ventana. Jurándome que iba a cambiar, que se iba a convertir en alguien que ahora sé que nunca fue. Pero le funcionaba. Porque es lo que nos venden: amar es perdonar.

Digo que conseguí salir, pero en realidad me sacaron, porque yo hubiera muerto por amor, como en esas canciones tan «bonitas». Y, al salir, hice todo lo que no hay que hacer:

No denuncié.
No se lo conté a nadie.
Hice nuevos amigos
que nunca lo supieron.
Y salí adelante como pude...

Volví a estudiar e hice nuevos amigos. Intenté rehacer mi vida, pensando que solo había sido una mala relación que tenía que superar.

Pero durante los siete años siguientes, me siguieron torturando las mismas preguntas:

¿Por qué me enamoré de él?
¿Cómo pude perdonarlo la primera vez?
¿Por qué volví con él?
¿Cómo lo aguanté?
¿Por qué no me fui?
¿Por qué lo quería?
¿Por qué no lo supero?

Aunque de puertas afuera estuviera consiguiendo todo lo que me proponía, cuando llegaba a casa todo ese teatro se desvanecía

Hasta que vi que yo no era más que otra víctima de un mal que afecta a toda la sociedad.

Me empecé a dar cuenta del mensaje que recibimos desde pequeños: que hay que sacrificarse por amor. Así, nos convertimos en carne de cañón para los maltratadores, que pueden manipularnos y justificarlo todo bajo el paraguas del amor verdadero.

La sociedad nos pone una venda para no identificar al maltratador y luego nos llama tontas por caer en el maltrato. ¿No te parece injusto?

Y tampoco me parece justo que se exija a los hombres mostrarse siempre fuertes. Nuestra sociedad debería estar llena de hombres a gusto con su personalidad, sus emociones y sus sentimientos. Primero, porque serían más felices. Y, segundo, porque así los maltratadores no se podrían esconder.

«Cuando la sociedad deje de ser machista, el maltratador ya no tendrá cómo justificar sus actos.»

NOS PUEDE PASAR A TODAS

Yo pensaba que los maltratadores eran personas violentas, que se los veía venir. Creía que, con el carácter y la personalidad que yo tenía, a mí eso no me podía pasar. **¡Qué ingenua fui!**

Los maltratadores son lobos con piel de cordero. No son violentos. Son manipuladores, chantajistas y victimistas. Consiguen que te sientas culpable por todo y creas que lo haces todo mal. Y, sin que te des cuenta, te van consumiendo el carácter y la personalidad.

Tú crees que estás queriendo sin condiciones, y él te dice continuamente que te quiere mucho.

Pero si algo aprendí de esa relación es que de una persona hay que creerse lo que hace, no lo que dice. **Porque hablar y prometer es gratis**.

El objetivo de este libro es que tengas más herramientas de las que yo tuve para saber cuándo una relación ya no merece la pena y poder escapar lo antes posible.

Para ello, lo primero que hay que entender es cómo consigue un maltratador que caigamos en su trampa y creamos que eso es amor...

ESPIRAL DE VIOLENCIA

Esta espiral, descrita por Leonor Walker, muestra las fases de una relación de maltrato:

- En la **fase de enamoramiento** todo es maravilloso. La otra persona se disfraza justo de lo que siempre habíamos querido. Esta fase puede durar entre seis meses y un año.

- En la **fase de tensión,** aunque no hay broncas como tal, empieza a haber alguna pulla, cosas del tipo: «Tienes muy mala leche», «Quién te va aguantar a ti», «Qué harías tú sin mí»... Y tu pareja empieza a hacerte ver que haces algunas cosas mal. Si tú decides cambiarlas (total, crees que son solo pequeñas concesiones por amor), la cosa está tranquila de nuevo y volvéis a ser felices.

- Por último, llega la **fase de agresión**. Al principio no es una paliza. Quizá se manifieste mediante una gran bronca en la que te insulta, te la lía, se pasa de la raya y te echa en cara todo lo que te ha ido diciendo hasta entonces.

En este punto, puedes hacer dos cosas:

Si decides dejar a esa persona porque consideras que se ha pasado y que no te puede tratar así, es muy probable que esa persona vuelva a comportarse como en la fase de enamoramiento: llorar, pedir perdón, jurar que ha sido algo circunstancial, que no volverá a pasar...

Si decides volver, tienes que tener claro que hay un altísimo porcentaje de probabilidades de que la espiral vuelva a comenzar. Y hasta puede que hasta con más intensidad que la primera vez.

PREVENCIÓN DEL MALTRATO

Por eso es importantísimo que tengas las herramientas necesarias para darte cuenta de cuándo te están maltratando antes de que te encuentres tan al fondo del pozo de esa relación que ya no puedas salir.

Te digo una serie de pistas que te pueden ayudar a detectar el maltrato, tanto en tu propia relación como en la de alguien cercano:

Es maltrato si...

- Te hace sentir culpable constantemente de vuestros problemas.
- Se enfada si no estás disponible siempre para él/ella.
- Utiliza el chantaje emocional para conseguir su propósito («Si me quisieras no te vestirías así»; «Si no te quedas conmigo, soy capaz de cualquier cosa»).
- Te infravalora, intentando convencerte de que sin él/ella no serías nada.

- Te agrede (verbal, física o sexualmente), y luego se arrepiente y te promete que nunca lo volverá a hacer.
- Intenta estropearte las ocasiones especiales.
- No te deja salir o hablar con tus amigos; te intenta alejar de ellos y de tu familia.
- Tienes que pensar antes todo lo que dices *para que no se enfade*.
- No te deja realizar actividades que te gustan.
- Trata de obligarte a mantener relaciones sexuales y, si no quieres, se enfada.
- Te ridiculiza y humilla delante de los demás («Es una desordenada»; «No sabe hacer nada»; «Lo suspende todo»).
- Te vigila y te controla. Te considera su posesión.
- Tiene celos de cualquiera que se acerque a hablarte, y te hace responsable de ello, insinuándote que buscas acostarte con ellos/as.
- Rompéis y volvéis a menudo.

EL VIOLENTÓMETRO

Para que no tengas ninguna duda, te muestro una especie de termómetro para medir en qué estado de violencia se encuentra tu relación:

¡FUERA LO TÓXICO!

Más pistas: tienes que aprender a diferenciar entre una relación sana y una tóxica. Aquí van unos pequeños consejos:

SANA	TÓXICA
Le gustas tal como eres.	Critica tu apariencia.
Tus problemas son los suyos.	Ignora continuamente tus problemas.
Te demuestra que te quiere, aunque no siempre te lo diga.	Te dice a menudo que te quiere, pero no lo demuestra.
No miente, tiene confianza para contarlo todo.	Te miente, incluso por tonterías.
No es celoso porque confía en ti.	Es celoso, hasta con tus amigos y familiares.
Quiere formar parte de tu vida, no ser tu vida.	Te pide entrega total en la relación.
Hace todo lo posible por que no sufras.	Te chantajea y te hace sentir culpable.
Puedes contarle cualquier cosa sin miedo.	Le ocultas información para no hacerlo enfadar.
No diría nada que pudiese hacerte sentir mal.	Te hace comentarios hirientes.

TU AYUDA ES UN TESORO

Pero no siempre podemos confiar en que la persona que está dentro de la relación se dé cuenta del maltrato, porque cuando estás dentro, es tu pareja, la persona a la que quieres...

Yo tardé seis años en darme cuenta y en pronunciar la palabra *maltratador* en voz alta.

Así que es muy importante que el resto de personas también lo sepan detectar y tengan la valentía de avisar lo antes posible de que esa relación solo va a traer dolor y dependencia.

¿CÓMO AYUDO A UNA AMIGA SI LE PASA?

- Si no os lo cuenta, es importante que no la presionéis, que le mostréis comprensión y confianza.
- Es importante no juzgarla ni echarle en cara que nos os lo haya contado antes.
- No intentéis obligarla a dejar la relación, la fuerza no es la solución a este problema.

- El control absoluto hacia ella no es la solución, solo conseguiréis que se agobie más y que se aleje de vosotros.

- Os debe sentir cercanos.

- No le dejéis de hablar si vuelve con él o no hace lo que os había prometido.

- Tenéis que armaros de paciencia, incluso aparentar buena relación con el maltratador, para que este no la ponga en vuestra contra.

- No quitéis importancia a lo que os cuenta, aunque no os parezca tan grave.

- No la presionéis o amenacéis diciéndole que si no deja la relación no la vais a ayudar.

- Intentad que acuda a profesionales que le hagan ver la realidad de su situación. Es importante que sepáis que, si os pasa, tenéis que buscar ayuda, porque esto no se puede arreglar por uno mismo por muy fuertes que nos creamos.

- Y sobre todo, dejadle claro que no será ni más débil ni más tonta por dejar la relación y por denunciar la situación. El maltratador es el que maltrata y el único culpable.

TE MERECES SER FELIZ

Pues sí, es durísimo vivir una situación así. Pero ¿sabes lo mejor? Que, aunque te ocurra, aunque, como a mí, te hicieran confundir el dolor con el amor, se puede volver a ser feliz de verdad.

¿Sabes cuáles fueron las tres últimas cosas que me dijo mi torturador?:

Más tonta eres tú por creerme cada vez que he llorado.

A ver quién te quiere ahora con lo gorda que estás.

Aunque sea lo último que haga en mi vida, te mato.

Pero después de salir de esa relación me han querido mucho, con ese amor que te hace reír y no te crea nudos de nervios en el estómago...

¡Y ahora no me conformo con menos!

Porque la mejor venganza que se le puede dar a un maltratador es ser muy feliz.

Espero que con este libro puedas ser consciente de que existen buenas y malas personas en el mundo, y estés alerta por si resulta que te enamoras de una mala persona. Y, sobre todo, baja esa línea roja, porque en el amor no todo vale...

EL AMOR NO VALE LA PENA, VALE ALEGRÍA. Y SI NO, ES QUE NO ES AMOR.

PARA SABER MÁS

Referencias útiles

No quiero terminar sin añadir algunos teléfonos y sitios web que te pueden ser muy útiles en caso de que seas víctima o testigo de casos de violencia de género. En gran parte, cambiar las cosas depende de tu valentía a la hora de denunciarlas y de hacerlas visibles.

TELÉFONOS DE AYUDA

- Si sufres violencia de género: 016
- Si sufres acoso escolar: 900 018 018

APPS ÚTILES

- Ygualex
- Libres (del ministerio)
- Enrédate sin machismo
- DetectAmor

ASOCIACIONES

- Asociación AIVIG: www.aivig.com
- No más Violencia de Género: www.nomasvg.com
- Asociación ALMA: www.asociacion-alma.es
- Fundación ANAR: www.anar.org

AGRADECIMIENTOS

Gracias al equipo de AIVIG por unirse a la lucha contra la violencia de género y dedicar tanto tiempo, esfuerzo y cariño a esta causa.

Gracias a los miles de adolescentes que han pasado por mi taller de prevención y detección precoz de la violencia de género, por regalarme tantas risas, tantos abrazos y hacerme partícipe de vuestro despertar por la igualdad.

Gracias a todo el equipo de «Salvados» y a Jordi Évole por llevar mi trabajo a tantas casas, y por elevar la violencia de género a un problema de todos. Y, sobre todo, gracias por todos los momentos de ese infierno que decidisteis que quedaran entre nosotros.

Gracias a otro Jordi, el editor de este libro, que con paciencia, cariño e ilusión ha conseguido materializar mi trabajo para que llegue tan lejos, cumpliendo uno de mis sueños: este libro.

Gracias a los amigos que me han acompañado en mi vida (y a ti, Jordi, que siempre estuviste), por hacerme reír cada día, y porque a pesar de mi falta de tiempo hacen malabares para alegrarme la vida.

Gracias a mi familia política, a la que quiero tanto que lo de política suena raro.

Un millón de gracias se quedan cortas para mi familia, que me sacó de ese infierno para que hoy pueda ser la mujer libre que soy. Sin vosotros no sé qué hubiera sido de mí: gracias Mama, Papa, Laura, Jorge, Mari y Reinaldo por estar siempre y ser mi red cuando caigo, y por darme a mis sobrinos Ángela, Xavi e Inés, que son la alegría de mi vida.

A toda mi familia, por ser de esas familias que siempre están ahí: tíos, primos.

Para ti, Rakel, va todo este libro, porque crecer a tu lado ha sido un regalo, aunque la vida te arrancara de nuestros brazos.

Y, por supuesto (el más importante para el final), gracias a ti, José Francisco, no solo por hacerme reír cada día de mi vida, sino por demostrarme que el amor vale la alegría y no la pena. Por enseñarme que el amor te hace más libre y por luchar tanto por borrarme los fantasmas y demostrarme lo que de verdad es un hombre. Por ayudarme a convertirme en la mejor versión de mí misma. Gracias por luchar tanto para convertir mi utopía en realidad. TE QUIERO.